Coup de chapeau à Fernand Léger

Comment parler en images de 1936
sans évoquer l'œuvre de Fernand Léger ?
Ce peintre majeur du 20e siècle a, tout au long de sa vie,
porté un regard chaleureux sur le monde du travail
et les loisirs populaires.

Pef lui rend hommage dans cet album
en s'inspirant librement de certaines de ses toiles,
de ses personnages et de ses couleurs.
Une occasion pour les enfants d'aller à la rencontre
de l'œuvre de l'artiste, dans les livres ou les musées.
Et peut-être de peindre, eux aussi, leur vie quotidienne
à la manière de Fernand Léger…

Crédits photographiques :
Roger-Viollet : couverture et page 7
AKG : page 10
Willy Ronis / Rapho : pages 13 et 29 ; Robert Doisneau / Rapho : page 26
Keystone : pages 16 et 21
David Seymour / Magnum : page 22 ; Henri Cartier-Bresson / Magnum : page 25
Alexandra Boulat / Sipa : page 32

Direction éditoriale et artistique : Alain Serres
Iconographie : Sophie Jouanen - Maquette : V. D. + K. O.

ISBN : 978-2-915569-60-5
Dépôt légal : juin 2006
Achevé d'imprimer en novembre 2007
sur les presses de Clerc à Saint-Amand-Montrond (18) - France

La mer en vrai

Texte de Bertrand Solet

Illustrations de Pef

Mise en couleurs de Geneviève Ferrier

RUE DU MONDE | *Histoire d'Histoire*

Nous faisons le ménage avant de partir en vacances : ma mère aime trouver la maison propre en revenant. Drôle d'idée ! Caro et moi, on range nos chambres, mon père passe l'aspirateur, et maman le plumeau sur les étagères de la bibliothèque. Elle dit qu'il faudrait se débarrasser des bibelots, de vrais nids à poussière.

– Attention, prévient papa, ne touche surtout pas au gros coquillage, mon père y tenait tellement. Nous n'avons pas beaucoup de souvenirs de lui : ce coquillage, une canne à pêche et des cassettes de films anciens.

Mon papy aimait particulièrement *Les temps modernes*, de Charlie Chaplin, où l'on voit Charlot à l'usine serrer, avec une clef, les boulons qui défilent devant lui de plus en plus vite, à en devenir fou.

« C'est comme ça que mon père travaillait, disait papy, dans l'une des premières usines d'automobiles au monde. Mais il n'a jamais eu de voiture. »

Tout au long du 19e siècle, l'industrie se développe. Des millions de paysans quittent leur village pour aller travailler en usine, dans des conditions très rudes. Il est courant de travailler 12 à 15 heures par jour, tous les jours de la semaine, même pour les enfants.

Nous arrivons en Normandie, à la même plage
que d’habitude ; papa y venait déjà avec ses parents.
Maman aimerait changer, papa traîne les pieds.
Je connais la location par cœur ;
Caro et moi allons tout de suite au bord de l’eau,
derrière la dune. Ma sœur s’installe, étale sa serviette,
arrange ses affaires avec soin.

J’ai envie de me baigner, mais je préfère attendre Manon.
Je construis un énorme bateau avec du sable mouillé.
Un car vient de s’arrêter sur le parking.
Il en sort un groupe d’enfants, garçons et filles ;
ils paraissent excités. Dès qu’ils sont sur la plage,
ils se débarrassent de leurs baskets
et se précipitent vers l’eau en poussant des cris.

Caro et moi, nous nous trouvons
sur leur passage ; le sable vole.
– Sauvages à casquettes !
crie Caro, indignée.
Je viens de mettre de la crème.
Ce n'est pas fini, des pieds
dérangent nos serviettes,
écrasent mon bateau.
Je proteste à mon tour :
– Pauvres types !
Pouvez pas faire attention !
Les jeunes sont déjà loin. De sous un parasol voisin,
une femme s'adresse à ma sœur, la voix mauvaise :
– On peut toujours causer, ils s'en moquent.
Tiens, on sait bien d'où ils viennent.
Je me lève et j'annonce que je vais chercher Manon
qui tarde à nous rejoindre.
À Montreuil, nous sommes en CM2
dans la même école ; elle passe ses vacances ici,
comme nous, dans la maison de sa famille,
un peu à l'intérieur des terres.

Les ouvriers s'organisent peu à peu pour protester, comme le font en 1831 les canuts, qui tissent la soie à Lyon pour un salaire de misère. Le droit de grève ne sera officiellement accordé qu'en 1864. Et il faut attendre 1900 pour que la journée de travail soit limitée à 10 heures par jour.

Manon est contente de me retrouver.
Ça fait cinq jours qu'on ne s'est pas vus. Je lui raconte l'attaque de mon bateau par des pirates enragés et comment on ne s'est pas laissé faire.
Elle file mettre son maillot de bain.
Je l'attends dans la salle de séjour.
En regardant autour de moi, j'aperçois tout à coup un coquillage exactement semblable à celui que nous a laissé papy.
Manon revient, je lui fais part aussitôt de ma découverte.
– Ce coquillage appartient à mon propre grand-père, me répond-elle.
Viens lui dire bonjour, on va lui en parler.

Le grand-père de Manon a plus de quatre-vingts ans ; il est assis sur un fauteuil dans le jardin. Lui aussi semble content de me voir.
Il dit que je ressemble à papy, qui était son meilleur ami.

En 1936, les syndicats et les partis de gauche s'unissent contre la montée de l'extrême droite et le chômage qui s'accroît. Des millions de salariés se reconnaissent dans ce Front populaire qui réclame « du pain, du travail et la paix ». Les manifestations réunissent beaucoup de monde. En Espagne, un « Frente popular » remporte les élections en février 1936 alors qu'en Allemagne, Hitler est au pouvoir depuis 1933.

Manon l’interroge. Son visage s’anime en nous répondant :
– Ce coquillage, j’y tiens comme à la prunelle de mes yeux. Il me rappelle un de mes plus beaux souvenirs.
C’était dans mon enfance, voilà soixante-dix ans tout juste, au mois de juillet 1936... Il y avait eu de grandes grèves, puis une chose extraordinaire est arrivée : imaginez que,

pour la première fois, les travailleurs ont obtenu
des congés payés, deux semaines de repos, de vacances.
Avant, ils n'avaient droit à rien...
Le grand-père en paraît encore tout ému. Il poursuit :
– Mes parents, comme bien d'autres, ont décidé
de partir tout de suite...

Le 3 mai 1936, socialistes, communistes et radicaux gagnent ensemble les élections, générant une grande allégresse populaire. Un peu partout, des grèves éclatent, exprimant la joie et l'impatience du peuple. On chante, on danse, on célèbre l'unité et les changements que l'on espère maintenant très proches.

Cet été-là, les trains ont été pris d'assaut,
pour la mer, pour la montagne, pour n'importe où.
Les jeunes, eux, partaient en vélo et en tandem...
Ton grand-père et moi, Quentin,
on a fait connaissance durant le voyage.
Dans les wagons, tout le monde se parlait,
tout le monde était joyeux.
Beaucoup n'avaient jamais pris le train de leur vie.
Un train à vapeur... Rien qu'à mettre
le nez à la portière, on avait la figure
toute noire à cause de la fumée !
On a débarqué ici, à la gare.
On a marché tous ensemble, on a passé la dune
et on s'est retrouvés sur la plage...

La mer remuait devant nous, avec ses vagues,
ses bruits, ses couleurs, son odeur forte,
et ses mouettes qui tournaient dans le ciel.
Nous étions comme en extase en face d'elle,
sans parler, sans bouger, sans oser approcher.
Et puis on a trempé nos pieds,
c'était froid mais bon ; on riait, une vague
m'a mouillé d'un seul coup, j'ai crié de saisissement,

je m'en souviens encore, j'avais dix ans...
Après la baignade, on n'arrêtait plus de chanter
« Y'a d'la joie » et on s'est installés sur la dune ;
le soleil nous séchait, on a sorti les casse-croûte des sacs.
Quand la nuit est venue, beaucoup ne savaient
où dormir ; les auberges des alentours étaient pleines.
Un fermier nous a prêté sa grange.
Il nous croyait un peu fous.

Le lendemain, nous nous sommes organisés,
les gens d'ici nous ont accueillis chez eux,
la mairie a prêté deux salles de classe aux jeunes,
une pour les garçons, une autre pour les filles.
Tout le monde était heureux, sauf certains occupants
des villas voisines, qui se croyaient déshonorés de partager
leur plage avec des ouvriers, des employés.
Ils parlaient mal de nous ; entre eux,
ils nous appelaient « salopards
à casquettes ». Rien que ça !

Manon et moi, on se regarde
droit dans les yeux. Je sens
le rouge monter à mes joues
en repensant à ma réaction face
aux jeunes tout à l'heure.
D'une voix un peu tremblante,
le grand-père continue son récit.
Il a gardé toute sa tête,
toute sa lucidité.

Le 4 juin, Léon Blum (à gauche sur la photo) forme son gouvernement. Pour la première fois dans l'histoire, celui-ci comporte des femmes, notamment Irène Joliot-Curie, Prix Nobel de chimie, et un ministre des sports et des loisirs, Léo Lagrange. Le gouvernement va s'attacher à réaliser rapidement son programme, malgré les attaques des dirigeants de la droite, selon lesquels le pays court à la ruine. Certains d'entre eux s'en prennent même aux origines juives de Léon Blum.

Dès le 7 juin, les syndicats de salariés et le patronat signent les accords de Matignon, qui décident une augmentation des salaires d'environ 12 %. Les femmes et les jeunes verront même leurs rémunérations relevées de 40 à 50 % dans bien des secteurs. Ces accords instaurent aussi la liberté syndicale et les délégués du personnel.

– Bon, et le coquillage dans tout ça ? demande ma copine.
– J'y viens, patience... Les quinze jours sont passés très vite. Ton grand-père et moi, Quentin, on s'est baignés, on a bu des tasses à s'en arracher tripes et boyaux, on a construit des châteaux de sable, on a joué au foot sur la plage, on s'est payé des coups de soleil à répétition.
Personne ne pensait plus à l'usine, au bureau, à l'école...
Mais tout a une fin, et nous étions un peu tristes quand les parents se sont mis à parler du retour, à ramasser les affaires.
La veille de notre départ, nous sommes allés une dernière fois sur la plage, seuls, tous les deux.

La mer était à marée basse, on a cherché
et on a trouvé deux coquillages presque pareils,
un pour lui, un pour moi.
On nous avait dit qu'en collant l'oreille dessus
on entendrait le roulement des vagues
et le souffle du vent. Je n'ai jamais rien entendu,
mais ça nous plaisait d'emporter la mer chez nous,
des fois qu'on ne la reverrait plus jamais.
Pourtant, on s'est retrouvé ici l'été suivant,
ma famille et la tienne, et on a continué
jusqu'à la guerre de 1939.
Nous sommes devenus amis, ton grand-père et moi,
on s'est mis à fabriquer ensemble
des maquettes de bateaux.
Plus tard, je me suis même installé
à Montreuil, près de chez vous. Le dimanche,
on bricolait dans mon garage.
Et puis j'ai pris ma retraite dans ce village normand.
Maintenant, vous savez tout.
Enfin, presque tout.

Dans la lancée de leur victoire, les nouveaux élus du Front populaire adoptent ces lois qui marqueront les mémoires. La semaine de travail passe ainsi de 48 à 40 heures, sans diminution de salaire. L'école est désormais obligatoire jusqu'à 14 ans. Et les salariés vont pouvoir bénéficier de congés : deux semaines de repos payés par leur employeur… Le droit aux vacances enfin proclamé.

C'est l'époque des premiers trains bondés de familles ouvrières et des tandems qui filent vers la mer. Le camping, le tourisme, le sport dans l'entreprise, les ciné-clubs, les maisons de la culture, les auberges de jeunesse se développent.

Le grand-père de Manon se tait, pas même fatigué d'avoir tant parlé. Je lui dis « au revoir et merci » et nous partons pour la plage avec ma copine, un peu rêveurs. Sur le parking se trouve toujours l'autocar arrivé tout à l'heure ; avec Manon, on l'observe. D'après sa plaque, il vient de la région parisienne, comme nous.

La plage s'est remplie, mes parents ont rejoint Caro. Lorsque nous arrivons près d'eux, ils sont en train de discuter avec la dame du parasol d'à côté. Il s'agit encore des jeunes de l'autocar. Ils font pire, paraît-il, que de déranger des serviettes en passant, et d'envoyer du sable sur des gens tartinés de crème solaire.

SECURITE
SECURITE

– Il n'y a pas cinq minutes, dit la dame,
ils ont bousculé des petits en entrant dans l'eau.
Ils ne font attention à rien, ils courent dans tous les sens,
ils vous crient dans les oreilles...
– Ce n'est pas si grave, madame, répond mon père.
Tous les gosses sont pareils.
– N'empêche, répond la femme. Ceux-là,
on devrait les mettre à l'écart, au bout de la plage.
Comme ça, on serait tranquilles.
Mes parents disent poliment qu'ils ne sont pas d'accord.
Nous nous regardons. Manon et moi, nous ne sommes pas
d'accord non plus, même si nous ne disons rien ;
nos visages parlent pour nous.

Des villes de la banlieue parisienne créent les premières colonies de vacances, qui permettent aux enfants de découvrir la vie au grand air. L'idée de loisirs accessibles à tous va, dès lors, faire son chemin. Le 14 juillet 1936, dans les rues de Paris, un million de personnes fête toutes ces victoires du « Front popu ».

La femme d'à côté retourne à sa place. Je raconte alors à mes parents l'histoire des coquillages. Ils m'écoutent avec attention. Même Caro lève le nez de son magazine.

– On n'a jamais rien su de tout ça, dit maman.

– Moi si, intervient ma sœur. Une fois, c'est venu comme ça, papy m'a parlé de 1936. Il allait avec sa mère porter le repas de midi à son père, à l'usine en grève.

Un jour, pendant une manifestation, son père l’a pris sur ses épaules pour qu’il puisse voir la foule immense, à perte de vue. « Une mer humaine », il disait. Mais la mer, il ne l’avait encore jamais vue en vrai. Chacun se tait. Moi, papy ne m’a rien dit ; j’étais trop jeune. Je voudrais qu’il soit là aujourd’hui, à côté de nous sur la plage, et qu’il me dise à moi seul un autre de ses secrets.

Nous passons des heures formidables au soleil. L'eau est bonne, même si Caro la trouve fraîche. Manon et moi, on rigole bien dans le grand bateau que j'ai refait pour deux passagers. En fin d'après-midi, les jeunes remettent leurs baskets ; ils sont silencieux, ramassent leurs affaires et repartent en direction de l'autocar. Leur excursion est finie.

Un garçon rattrape son groupe en courant ; il semble tout heureux de sa journée, lui aussi. Il brandit un coquillage, criant à ses copains qu'il emporte la mer avec lui, des fois qu'il ne la reverrait jamais plus en vrai.

D'autres mouvements populaires, comme en mai 1968, ont permis d'améliorer les conditions de vie des salariés. Aujourd'hui, la durée légale du travail est de 35 heures et les congés payés ont été étendus à 5 semaines. Mais le droit aux vacances est-il vraiment une réalité pour toutes les familles, quand on sait qu'un enfant sur trois ne part pas en vacances, faute de moyens ?